Para Miguel y Jane,

Estas memorias de un cincuentón,

Con el cariño que no cesa,

CINCUENTA LECCIONES

DE

EXILIO Y DESEXILIO

COLECCIÓN CANIQUÍ

EDICIONES UNIVERSAL, Miami, Florida, 2000

GUSTAVO PÉREZ FIRMAT

CINCUENTA LECCIONES

DE

EXILIO Y DESEXILIO

Primera edición, 2000

EDICIONES UNIVERSAL
P.O. Box 450353 (Shenandoah Station)
Miami, FL 33245-0353. USA
Tel: (305) 642-3234   Fax: (305) 642-7978
e-mail: ediciones@kampung.net
http://www.ediciones.com

Library of Congress Catalog Card No.: 99-68173
I.S.B.N.: 0-89729-916-7

Diseño de la cubierta: Luis García Fresquet

Foto del autor en la cubierta posterior: Mary Anne Pérez Firmat

A Jorge, que siempre cumple conmigo

*A los cincuenta años el hombre comienza
a vivir de su pasado.*
                        Juan Ramón Jiménez

*Ya no fui lo que soy.
El lenguaje me mata.*
                        Octavio Armand

I

Al llegar a cierta edad —cumplo cincuenta— ya se puede empezar a tomar y medir distancias. La vida sedimenta su cauce, sus causas. A veces todavía me altero, pero la vida—mi vida—es inalterable, lo cual me permite contemplar el devenir (y tal vez el porvenir) cubano con un poco de indiferencia. Cuba me toca, pero no me *tangere*. Cuba me sacude, pero no me agarra. Cambiar de cauce, de casa, implicaría desaprender lo que sé, lo que he sido: desaprender el inglés, y desprenderme de lo norteamericano: conjurar ese gringo que soy y que no soy.

No es imposible, pero tampoco es posible.

Es inquietante.

Apasionante.

Tentador.

Me ilusiona.

Me seduce.

Me fascina.

Pero no es posible, ni tampoco imposible.

Al regresar a su patria tras una larga estadía en Estados Unidos, el protagonista de un cuento de Calvert Casey queda impresionado por la capacidad de los habaneros de «saber estar.» Después de cuarenta años de exilio, durante los cuales se ha desvanecido poco a poco la esperanza del regreso, he aprendido a saber no-estar, y a estar sin saber. Es una lección que no quisiera olvidar, por si las moscas (por si los Moscú). Estar sin saber es un consuelo. Saber no estar es una protección.

Dialéctica del estar:

— Tesis, bien-estar.

— Antítesis, mal-estar.

— Síntesis, contestar (bien o mal).

Estas lecciones son mi modesta contesta cumpleañera.

Con Cuba. Y contra Cuba.

II

Escribir «mi país.» La frase me causa resquemor porque me pregunto si tengo derecho a usar el posesivo. Me preocupa que alguien me desdiga, o que me desdiga yo mismo, inadvertidamente. Decir «mi país» es insertarme de golpe en la historia tras de vivir media vida intentando esquivar el impacto. Afirma Heberto Padilla que «la historia es el golpe que debemos aprender a resistir.» El exilio, o por lo menos este exilio, ha sido un *feint*, un *clinch*, un gesto defensivo para eludir el gancho de la política y el *uppercut* de la nacionalidad. (Acudir al inglés, como acabo de hacer, forma parte de esa táctica de defensa.)

En mis libros y mis poemas nombro a Cuba obsesivamente, y sin embargo me cuesta trabajo, me da miedo, escribir «mi país.» Cuba se ha convertido en otra cosa: un espacio sin dimensiones, un lugar sin lindes que pueblo con imágenes, obsesiones, fantasmas, mentiras. Los cubanos de verdad también mienten, pero sus falsedades se revisten de geografía —de calles y lomas y árboles y adoquines y fachadas y lentas tardes de sol. A mi Cuba la ilumino sólo yo solo, y con luz artificial. ¿Será ése el famoso «sol de los desterrados» que brilla en todos los cielos? Dijo alguien: «El viaje humano consiste en llegar al país que llevamos descrito en nuestro interior.»

Cuba, mi espacio. Cuba... mi país.

III

Desconcierta la vida larga ausencia.
Cervantes

A los cincuenta años el destierro se convierte en destiempo. Por eso no creo en el regreso, porque se ha transformado en una intransitable regresión.

Me rodeo de libros escritos por autores cubanos, me dedico a leer sólo en español (lo cual quiere decir, además, leer solo en español), y al cabo de unos días o semanas me entra la asfixia. Para respirar hondo, tengo que forzar un suspiro o un bostezo, como si mis pulmones funcionasen a plenitud sólo en la melancolía o el sueño. Entonces extraño el inglés como el ahogado añora el oxígeno.

Esa incapacidad de plantarme en el idioma español es síntoma de destiempo. El inglés me entrega una palabra afín —*distemper*— en la cual descubro su correlato afectivo; *distemper* es mal humor, pero más generalmente designa un estado de desorden corporal o mental, alguna imprecisa dolencia como la de no saber ubicarse en un idioma. La traducción al español, «destemplanza», marca la frontera entre el bienestar y el malestar, entre el frescor y la fiebre, y por ello también dibuja la sintomatología del destiempo. Bajo «destemplanza» el diccionario trae, entre otras acepciones, «desigualdad de tiempos», frase que termina siendo la mejor definición de las consecuencias de un exilio crónico y febril. Mientras haya desigualdad de tiempos, no habrá regreso. Habrá destiempo, *distemper*.

IV

Gracián, en el *Oráculo Manual*: «No tenemos cosa nuestra sino el tiempo, donde vive quien no tiene lugar.»

V

Hoy por la mañana reconfiguré mi despacho, moviendo el escritorio, el butacón, las mesitas, la lámpara. Esta tarde, cuando me siente a leer, en vez de ver los estantes de libros, casi todos en lengua inglesa, miraré hacia los árboles. Mis hijos me dicen que el butacón frente a las ventanas les recuerda un cuento donde el protagonista se sienta, despreocupado, a leer sin tino su destino en una novela. Me alegra que para ellos, también, la vida se confunda con la literatura. Según el poeta Derek Walcott, para cambiar de idioma es preciso cambiar de vida. Ensayo un procedimiento menos doloroso: mover los muebles.

Sentado en el butacón que me acompaña hace más de veinte años, y que ha asistido a la escritura de un puñado de libros en inglés, empiezo a escribir, a desvivir. Me doy cuenta de que lo primero que debo hacer es cambiarles de nombre a los árboles que observo por la ventana. He creído que los objetos, igual que las personas, igual que los lugares, tienen una nacionalidad. Las cosas que conforman mi entorno llevan sus nombres a cuestas, y esos nombres las arraigan en un idioma. Ese roble a diez metros de mi ventana, es un *oak*; ese empinado tronco que le hace pareja, es un *pine*. Tendré que arrancárselos, Adán de nuevo, para bautizarlos en español.

De ahora en adelante al entrar en mi despacho, que ya no es *my study*, al sentarme en el butacón, que ha dejado de ser *my reading chair*, y al contemplar el bosque, que nunca más llamaré *the woods*, tendré que mirar en español. Suelo citar una frase de Elías Canetti que leí en inglés: *A language is a place*. En adelante, la citaré en español: «El lenguaje es un lugar.» Me suena mejor en inglés, aunque tal vez sea sólo por la costumbre. La verdadera dificultad estribará en convencerme de que la fórmula inversa es falsa: un lugar no tiene lenguaje; puedo imponerle cualquier idioma a cualquier lugar, a cualquier hogar.

VI

En el *loop* de la destemplaza circula otra palabra, intemperie, que el diccionario también define como «desigualdad de tiempos», aunque su uso más común sea indicar un ambiente atmosférico inclemente. En este sentido la palabra también describe la situación del exiliado, quien ha perdido o abandonado el abrigo de su patria y de su idioma. Residir en el exilio es sobrevivir a la intemperie, exponerse a los rigores de un tiempo ajeno. El exiliado busca un techo que lo ampare del tiempo, en ambos sentidos, aunque sabe que su empresa es vana: contra el tiempo no hay morada. Imposible demorar el tiempo.

VII

Creyendo que no puedo servir a dos gramáticas a la vez, siento la obligación de escoger entre el inglés y el español. Quisiera anclarme en un idioma como si fuese un cuerpo o un puerto. Las palabras tienen peso y espesor, y es difícil hallarles cabida en el mismo lóbulo al enorme Webster y al descomunal Sopena. Por lo menos, lo es para mí. El plurilingüismo es un fenómeno harto común, y las literaturas occidentales abundan en ejemplos de escritores que han cultivado más de una lengua. Aunque admiro inmensamente a esos seres, para mí excepcionales, que hablan o escriben más de un idioma sin malestar o daño aparente, carezco de ese talento. Siempre recuerdo que Juan Ramón Jiménez nunca aprendió inglés porque tenía miedo de que el mal inglés fuera a desalojar su depurado español.

Pero ahora empiezo a darme cuenta de que la madurez quizás consiste en no sentirse obligado a escoger, en aceptar que cuando uno se reparte entre lenguas cada una se volatiliza un poco, se convierte en ancla leve. Por tanto, viviré una temporada en español, hasta que me entre la añoranza del inglés, y entonces levaré ancla. Me pasaré una temporada navegando en inglés, hasta que me entre la comezón del español, y entonces levaré ancla otra vez. Si hay vientos de través, aprenderé el arte del zigzagueo.

Lo que sí me parece inmaduro, por inútil, es intentar aunar los dos idiomas como pretendí alguna vez. La mezcla del español y el inglés, el *Spanglish*, de momentos puede resultar divertida y hasta genial, y nada impide que un idioma recoja palabras o giros del otro. Pero la mezcla a partes iguales termina devastando los dos idiomas sin por ello engendrar un tercero. En los poemas en *Spanglish* —en los míos, por ejemplo— los dos idiomas no se acompañan: se maltratan, se golpean, se agravian. No se juntan, se pegan; no se adhieren, se hieren. Entablan una lucha a muerte que acaba matando la poesía. (Es mi opinión.)

VIII

Vida en vilo

Entre las muchas razones que un individuo puede tener para desplazarse de la lengua materna a la lengua alterna, una de las más poderosas es el rencor. Escribir en inglés es o puede ser un acto de venganza —contra los padres, contra las patrias, contra uno mismo. Siempre me ha parecido que la afición a los juegos de palabras bilingües es un síntoma de ese rencor; el pun es una pulla, una pequeña detonación de terror y de tirria, una manera de blandir el *hyphen* como arma: que nos parta no el rayo sino la rayita.

El vilo avilanta. La ingravidez pesa. Desprovisto de ancla o sostén, el cubano con rayita, el cubano rayado, se torna agrio, *angry*. En inglés se dice que la mejor defensa es una buena ofensa; pues entonces ofendamos, afirma el cubano con rayita. La audacia del enunciado bilingüe —*You say tomato; I say* tu madre— es un tipo de insolencia; su ligereza —*An I for an* ¡Ay!— es una forma de pesadez. Vil en el vilo, mordaz en el remordimiento, el cubano-americano se lanza a triturar el español en la *osterizer* del inglés y a despedazar el inglés en la batidora del español. Todo por rayar, todo por rayarse.

IX

He dicho rencor; debiera añadir, vergüenza: la de abandonar la lengua materna por un idioma ajeno. El sentimiento es antiquísimo, pues se encuentra nada menos que en Ovidio, quien desde su exilio al borde del Mar Negro relata que ha compuesto un poema en el idioma de los «salvajes getas.» «Me avergüenzo», le escribe a un amigo romano, «pues escribí un librito en lengua gética, acoplando palabras extranjeras a nuestros metros» (*Pónticas*). Al doblar su exilio geográfico en exilio lingüístico, Ovidio comete una suerte de traición; *barbara verba* llama al idioma de los getas, y su vergüenza parece yacer, al menos en parte, en haber tenido la osadía, la avilantez, de hibridizar el hexámetro latino con barbarismos. No por ello, sin embargo, deja de alardear de su éxito al recitar su poema ante los salvajes getas, quienes indican su agrado agitando carcajes llenos de flechas.

La trayectoria de Ovidio cifra la evolución de muchos escritores bilingües. A su llegada a Tomos, se queja de tener que comunicarse por señas porque no entiende la jerga de sus vecinos; pasado un tiempo, registra el miedo de que el idioma del país está contaminando la pureza de su latín; finalmente, al cabo de seis o siete años de exilio, confiesa con vergüenza —no exenta de orgullo— que ha empezado a escribir poesía en gético. Y no nos debe sorprender que, según su testimonio, Ovidio acude al gético para hacer un encomio de los

Césares: su *libellum* no es libelo sino panegírico. Así es la retorcida lógica del exilio, que nos induce a usar otra lengua, pero sólo para rendirle pleitesía a la cultura que dejamos atrás.

Al inscribirse en un nuevo lenguaje, el autor de las *Metamorfosis* se transforma en romano con rayita, en poeta latino-gético, en el primer *one-and-a-halfer!* Bárbaro con ritmo, Ovidio también se tambalea. Su noble indecisión, su atribulada latinidad nos pueden servir de inspiración y consuelo. *Veni, vidi, vilo.*

X

Soy agua sin surco
Oscuridad sin noche
Me derramo turbio
Me extingo insomne

XI

En todo esto importa que al principio nos consideraban (y nos considerábamos) «refugiados.» Para algunos el refugio fue también idiomático, y el inglés se convirtió así en vehículo de fuga, escamoteo de la molesta «condición cubana.» Pero aunque refugio implica huida, evasión, escape, nuestra fuga es a su vez un regreso, pues al hablar o escribir en inglés, no cesamos de mentar a Cuba. Nos parecemos al presidiario que se evade de su celda y se lanza a correr desaforadamente por el bosque, para descubrir con las primeras luces que apenas se ha alejado de la prisión. Mi plan de evasión —estas lecciones lo comprueban— también ha fracasado.

Muchas veces me he preguntado por qué Cuba nos preocupa tanto a los cubanos. ¿De dónde viene nuestro tal vez excesivo apego a nuestro país? ¿Bríos de pueblo joven? ¿Fogosidad tropical? ¿Ombliguismo? Henry James, a quien ciertamente nunca se le acusó de fogosidad, señala que la relación suprema de un ser humano no es con sus padres, ni con sus hijos, ni con sus amantes o amigos, sino con su país. Pero el autor de *The Americans* también fue un exiliado, y esta afirmación ocurre precisamente en el libro donde James registra sus impresiones al volver a Estados Unidos tras veinte años de ausencia (*The American Scene*).

Algo distinta es la apreciación del exilio de José de la Luz y Caballero: «¿Cuál es la mayor de las alegrías? La primera la produce la vista del objeto amado. La segunda, el retorno de la salud. La tercera, el acabamiento de la obra. La cuarta, el regreso a la patria» (*Aforismos*). Para el insigne Don Pepe nuestra relación con la patria queda supeditada a la relación con nuestra obra, con nuestro cuerpo y con las personas que amamos. Aunque Luz y Caballero vivió varios años fuera de Cuba, nunca conoció el exilio; lo que sí padeció en carne propia fue la pérdida de un ser querido (su hija, muerta en la epidemia de cólera de 1850), así como la enfermedad crónica y el desasosiego de no poder completar su obra. No es sorprendente, por lo tanto, que su *ranking* de alegrías jalone sus tristezas.

Se han distinguido dos maneras fundamentales de reaccionar ante el destierro: la ovidiana, que insiste en el vínculo inquebrantable entre devenir personal y destino nacional; y la plutarquiana, que diluye el extrañamiento del exilio en un cosmopolitismo reparador (Claudio Guillén, *El sol de los desterrados*). Si Ovidio nunca deja de añorar a Roma, Plutarco se convence de que el mismo sol alumbra a todos los hombres en cualquier parte que estén. No se puede negar que los cubanos exiliados, y sobre todo los cubanos exiliados que vivimos o hemos vivido en Miami, somos ovidianos a ultranza. Nuestra rápida asimilación a la cultura norteamericana, la cual ha dado tanto que hablar a sociólogos y economistas, no ha anulado nuestra «metedura» con Cuba. Ese «coco» no lo rompen ni los porrazos del tiempo ni las mañas de la distancia, porque ese «coco» es nuestro corazón y nuestra coraza. Encandilados de ausencia, nos entregamos a cultivar una relación íntima y fatal con un amor que abandonamos, pero que no nos abandona.

XII

*E*xul inmeritus*, exiliado sin merecerlo: así se llama Dante, y así —respetando las distancias— se podría describir a aquéllos de nosotros que llegamos al exilio muy jóvenes. De ahí nuestra contradictoria gama de actitudes hacia Cuba (la de ayer, la de hoy, la de nunca), hacia la Revolución (la de todos, la de pocos, la de nadie) y hacia el mismo Exilio (histórico e histérico, numeroso y sin nombre). De ahí, quizás, el rencor que nos consume y la vergüenza que nos exalta. Muy otra es la actitud de quienes decidieron su exilio, o de quienes nacieron aquí; la nostalgia de unos y la curiosidad de otros duelen sin perjuicio. En el fondo son recodos del bienestar, géneros de lo saludable. Pero nosotros nos dividimos entre nostalgia y curiosidad, pues Cuba nos parece a la vez terruño natal y *terra incognita*, y no sé si es posible conciliar actitudes tan dispares, *feelings* tan *mixed*.

Con todo, se me antoja que nuestro rencor es también cordial, que riega nuestras vidas, capilarizando lo que de otra forma sería resentimiento a secas. Divina comedia la del exiliado que se revira contra su patria, y hace de su torsión homenaje.

XIII

Busco un nombre para mi generación: ¿equivocada, extenuada, frustrada, perdida, extinguida, fundida? Opto por el último calificativo. Somos una generación fundida, en todos los sentidos, buenos y malos, del adjetivo: descompuesta, disuelta, derretida, fusionada. Se me ocurre que lo opuesto de fundir es fundar, igual que lo opuesto de consumir es consumar. No hemos fundado y menos consumado. Apostamos a una vida en vilo que acabó por envilecernos, pues no hay estilo en el vilo salvo el de la disgregación.

¿Logramos algo? Fundir dos modos de vida, mas sólo por un tiempo, porque aquéllos que nos suceden, empeñados en fundar, desechan nuestras fundiciones, considerándolas inservibles o irrelevantes. ¿Dejamos algo? Una estela de vilo, aire en el aire, impalpable como la oscuridad.

Podríamos hacer nuestra una sentencia de Juan Ramón Jiménez: Vivimos del recuerdo de una vida que no hemos vivido y de la esperanza de una vida que no hemos de vivir.

XIV

El rencor del cubano anglohablante hacia el idioma español tiene su contrapartida: el temor del cubano hispanohablante hacia el idioma inglés. Cuando Nicolás Guillén en un notorio poema («Responde tú») alude al inglés como «lengua extraña», el calificativo delata ese temor, pues lo verdaderamente extraño del inglés para el cubano no consiste en ser una lengua ajena, sino en todo lo contrario: en ser harto conocida, en ser una presencia ineludible en el habla e inclusive en la toponimia y onomástica del país. Lo extraño, según Freud, es precisamente aquello que nos aterra por su familiaridad.

El temor a la lengua inglesa, como el temor a la ingerencia política de Estados Unidos, ha sido una constante en nuestra historia. En el 1848 José Antonio Saco le advierte a su amigo Gaspar Betancourt Cisneros, escritor de conocidas simpatías anexionistas, que la anexión de Cuba por los Estados Unidos conduciría inexorablemente en la «absorción» de aquélla por éste, y que ello desembocaría en la extinción del idioma español. Poco más de medio siglo más tarde, Bonifacio Byrne agradece a su madre el haber impedido que él fuera enviado a estudiar en Estados Unidos:

Mi madre tuvo la mejor de las intenciones, y bien considerado el asunto, su intuición fue maravillosa. Si yo hubiera ingresado en un colegio americano, hubiera corrido el riesgo de olvidar mi idioma, tan rico, tan musical y tan flexible, y para llegar a ese extremo es seguro que hubiera tenido que sufrir las mayores torturas, porque mi garganta es rebelde a la emisión de la voces guturales. Yo permanecí tres años en los EE.UU. cuando emigré, y sólo aprendí *good bye, very well*, y *all right*.

    ¿Y quién me dice que conociendo a fondo el idioma de Poe, haciendo tres comidas al día y siendo diestro en todos los *sports* de la grande y poderosa República del Norte, no hubiera acabado quizás por aclimatarme allí demasiado?

Al igual que Saco, Byrne teme ser absorbido por los Estados Unidos —por su idioma y sus costumbres. Y no se equivocaba: un siglo más tarde, nosotros los *Cuban-Americans* somos la encarnación de su miedo, *Bonifacio Byrne's worst nightmare*, la mejor muestra de los efectos de excesiva «aclimatación.»

Pasan otros cincuenta años, y se hace popular en La Habana una canción titulada «Influencia», cuya letra denuncia por igual la ingerencia del inglés en el habla habanera y la moda del chachachá:

> Nadie se acuerda de hablar en español,
> ahora la gente le mete al chachachá.
>
> Hoy la bodega *grocery* se llama aquí,
> la barbería hoy se llama *barbershop*,
> el entresuelo hoy se llama *mezzanine*
> y la azotea en *penthouse* se convirtió.
>
> Hasta el fotuto del fotingo ya cambió;
> se llama *claxon* y hasta toca el chachachá.
> La romería con *picnic* se confundió
> y hasta a la fonda ya le llaman *restaurant*.

Lo curioso no sólo es que «Influencia» es un chachachá —un chachachá anti-chachachá— sino que la letra defiende la integridad del español incurriendo con gusto en la rima bilingüe. Siempre que intentamos trabajar contra el inglés sucede lo mismo: el embargo fracasa y esa «lengua extraña» termina insinuándose hasta en los rincones más criollos —nuestra música, nuestra comida, nuestros pasatiempos y nuestra literatura. De ahí que la impronta del inglés se trasluzca hasta en la obra de algunos de los grandes escritores de la isla: Félix Varela, Luz y Caballero, Martí, Varona, Mañach, Novás Calvo, Florit, Cabrera Infante... y hasta en la del propio Byrne, quien a pesar de abjurar de la lengua de Poe, acudió más de una vez a la rima bilingüe (en su poema «En el tren» una «esbelta *miss*» luce un sombrero «de plumaje gris»), y no siempre evitó el anglicismo (ese tren corre raudo por un «raíl»). Pero ¿cómo podía evadirse del inglés un poeta que lo llevaba inscrito en su apellido?

En uno de sus aforismos, Luz y Caballero se pregunta: «Si no se hubiera pasado por ciertos antecedentes, por ciertas pruebas (*ordeals*), ¿dónde estaríamos aún?» Como en esta pregunta, donde el inciso distiende los dos miembros del período interponiendo un cuerpo extraño, el idioma inglés es la prueba, el *ordeal*, que muchos escritores cubanos han tenido que enfrentar y superar. De no haberlo hecho, ¿dónde estaríamos aún?

El escritor cubano que escribe en inglés debe encarar el temor a ese idioma y la resistencia que él engendra en sus casi compatriotas.

Los lectores cubanos que leen a un escritor cubano de expresión inglesa deben encarar el temor a ese idioma y la resistencia que él engendra en su casi compatriota.

XV

El complejo

Tengo un pariente que, por su edad y por su carácter (exigente consigo mismo no menos que con los demás), todavía habla un español correcto y vivaz, a pesar de llevar más de cuatro décadas en el exilio *mayamense*, donde el buen español es casi tan escaso como el buen inglés. Recuerdo que una vez, al describir el apartamento de un amigo, se refirió al «complejo» donde estaba ubicado el edificio. Enseguida se corrigió diciendo: «Coño, 'complejo' no, 'reparto.' Ahorita hasta se me olvida el español.»

Si es verdad que pensamos no con ideas sino con palabras, la equivocación de mi tío es índice de nuestra discordia interior, del tenso diálogo de las lenguas que acaba por dejarnos mudos, *tongue-tied*. En ese complejo yace nuestra complejidad; en ese reparto está nuestra partición.

XVI

... Mudando duramente
Amor en extrañeza.

Cernuda

La primera acepción de «extrañar» que registran los diccionarios es «desterrar en país extranjero», aunque hoy en día raramente se emplea el verbo en este sentido. Se usa en lugar para designar, no el destierro, sino su impacto en el ánimo del desterrado, quien echa de menos o «extraña» su país. Señala José Solanes (*Los nombres del exilio*) que los ministros de Felipe VII daban el nombre de «extraños del reino» a los españoles desterrados. Nosotros somos, pues, «extraños de la Revolución.»

Derivado del latín *extraneus*, «exterior», lo extraño en su sentido estricto designa lo que se sitúa más allá de una frontera o un límite. Según María Moliner, extraño es aquél «que no pertenece al grupo, familia, nación, círculo.» Si hurgamos un poco más en el subsuelo de la palabra, nos encontramos con que el antónimo de extraño es entraña (de *interaneus*, «interno"). La oposición entre extraño y entraña halla confirmación nada menos que en la etimología de «exilio», que algunos diccionarios derivan de *ex-ilia*, sacar las ilia o las entrañas.

Exiliar sería entonces destripar o «desentrañar»; y al «desentrañar» a alguien, al expulsarlo al exterior, lo tornamos «extraño.»

De ahí todos esos poemas y canciones donde el exiliado se lamenta de la extirpación de algún órgano vital, como aquélla composición de los primeros años de nuestro exilio: «Cuando salí de Cuba, dejé enterrado mi corazón.» Extrañado y desentrañado a la vez, el exiliado permanece afuera y carece de adentros. Si deja «enterrado» el corazón, es porque su corazón se ha hecho tierra.

XVII

Un conocido verso de Pedro Salinas enuncia la alegría de vivir en los pronombres. Me pregunto si la persona bilingüe, al repartirse entre dos familias de pronombres, redobla o divide esa alegría. El pronombre es seña de identidad: «tanto vale *io* como *Antonio*», afirma Nebrija en su *Gramática*, reiterando el pronombre dentro del nombre —el suyo mismo— como para subrayar la equivalencia; tanto vale *yo* como *Yeyo*, podríamos substituir, modernizando la grafía y cubanizando el apelativo.

Supongamos, sin embargo, que el *io* de Nebrija fuese el pronombre de la primera persona en italiano, ¿cabría entonces seguir afirmando su identidad con el nombre propio? ¿Vale tanto *yo* como *Yorick*, *je* como *Jerry*, *eu* como *Eugene*? Si en el trasiego del nombre al pronombre variamos de idioma, ¿queda intacta la integridad del sujeto? A veces me ha parecido que entre el *yo* castellano y el *I* inglés se abre un abismo, que al nombrarnos en una lengua u otra proyectamos o engendramos identidades diversas, tal vez irreconciliables. El pronombre se convierte así en contranombre, la seña en contraseña.

No me refiero al empleo ocasional de otro idioma, que no hace mella en nuestro ser íntimo, sino a la experiencia de vivir día tras día, durante largos años, rodeados de un idioma distinto del materno, hasta tal punto que se nos hace imposible determinar cuál de los dos lenguajes prima en nuestra conciencia. Si maldecimos o rezamos o sentimos gusto o angustia indistintamente en más de un idioma, fracturamos nuestra subjetividad, o sea, nuestra condición como sujetos gramaticales. El *je est un autre* de Rimbaud refleja esa escisión, pero el «yo soy tú alucinado» de Virgilio Piñera la plasma mucho mejor, porque el verbo no abandona la primera persona —que yo quisiera la única y la última persona.

El otro día, antes de que llegaran los estudiantes a mi curso sobre literatura hispanoamericana, escribí en la pizarra: *SOY SAUCE*. Al empezar la clase, les pedí que tradujeran la frase. Varios contestaron que no podían; sólo una chica, peruana, aventuró una traducción: «salsa de soya», dijo. Es exactamente lo mismo que hubiera dicho yo —hasta la semana pasada, cuando al encontrarme con la frase en la etiqueta de un pomo, inesperadamente la leí en castellano.

El idioma es un lente por el que miramos y nos vemos. Predispuestos a mirar en inglés, nuestro interior y nuestro entorno se americanizan. Plantados en español, hasta la comida china nos sabe a savia, a raíz. Sauce soy, sin río.

XVIII

Hace muchos años que, al decir de Octavio Armand, el lenguaje me mata. Padezco de subjuntivitis, me duelen las conjunciones, sufro la declinación de los adjetivos. Si te quieres por el pico divertir —cada maní un bocado, un vocablo. Pero nunca he sabido hacerlo, porque no tengo lengua para saborearlos.

Una de las cosas que me maravilla de mis lejanos vecinos sureños es la facilidad con que las palabras se acomodan en sus bocas, cucurucho perfecto para su maní tostado. Es como si cada sílaba surgiera de las cuerdas vocales y se deslizara por los labios sin la menor resistencia o fricción. En mi caso siento una falta de adecuación entre el órgano y la función: lengua contra lenguaje. La dimensión de las palabras, su volumen y extensión, no se avienen a los contornos de mi cavidad bucal; se me enredan en los labios, rebotan contra las encías, se derraman por las comisuras. Decía José María Valverde sobre su exilio en Inglaterra: «Tu voz ridícula fracasa allí donde el niño tiene éxito» (*El ser de la palabra*). Sí, el inglés no es lengua sino trabalengua. Por mucho que intente o logre dominarlo, la sensación de hacer el ridículo no me deja.

Dueño de labios sin labia, no me queda más remedio que callar hasta por los codos.

XIX

¿ Y si las palabras, como los objetos en la retina, dejaran imágenes en el cuerpo? Dicen (decimos) los norteamericanos que eres lo que comes. ¿Y si también sucediese que eres lo que oyes? ¿Lo que hablas? ¿Lo que lees? Si cada estímulo verbal se incrustara indeleblemente en alguna parte del cuerpo, igual que se asimilan las comidas por la vía digestiva, ¿no fracasaría entonces este proyecto de repatriación lingüística?

Según Alberto Ruy Sánchez, «todo lo que uno sabe, aprende, olvida o crea, pasa por nuestro cuerpo. No somos ideas sino cuerpos con ideas» (*Con la literatura en el cuerpo*). Corolario: el lenguaje que escuchamos, hablamos y escribimos *también* es parte de nuestro cuerpo. Un cuerpo bilingüe tendrá entonces su fisiología particular, pues cada uno de sus órganos guardará la impronta de dos idiomas; y la eliminación de un idioma, de ser posible, lo mutilaría. Para el sujeto bilingüe limitarse a un solo idioma sería entonces como respirar con un sólo pulmón o bailar con un sólo pie.

Al hacer estas notas, varias veces he escrito *on* por *en*, sin darme cuenta hasta después de que se me ha «colado» el inglés en la frase. ¿Cómo escribir sin sabotearme? Allí donde los dos idiomas parecen tocarse, como en busca de una integración imposible, allí está la coyuntura más sensible, el punto neurálgico del bilingüismo. Por eso a veces pienso que el daño más serio del exilio ha sido darnos la alternativa de vivir en otro idioma, opción que con el tiempo se ha trocado en destino, en desatino, en un inevitable doble sentido y sonido: la mente como cámara de ecos.

¿Cómo conjurar el eco, eco, *echo*, *echo*? El inglés retumba, me tumba. Me tunde, me aturde. Me bate, me abate. Conjura el *echo*, dice el eco, haciéndolo resonar.

Hecho eco, desecho el *echo*: equilicuá , ecolicuá , ecolicuado.

XX

En «Aprecio y defensa del lenguaje» Pedro Salinas afirma que «el hombre se posee en la medida que posee su lengua», añadiendo que «expresarse es contruirse.» A esas personas incapaces de encarnarse en palabras, las llama «inválidos del habla» y «cojos, mancos, tullidos de la expresión.» Tengo que admitir, con mucha vergüenza y no poca soberbia, que pertenezco al partido de los tullidos. Aun así, quisiera encontrarle un compás y un estilo a mi tumbao de cojo, echarme a correr con la pierna que no tengo y agarrar con la mano que me falta.

Sigue Salinas: «Hombre que malconozca su idioma no sabrá, cuando sea mayor, dónde le duele, ni dónde se alegra.» Pero sí sé dónde me duele: precisamente en las coyunturas entre el español y el inglés, en las conjunciones y disyunciones de los dos idiomas que malconozco, que me malconocen. Salinas da inicio a su ensayo registrando su alegría de volver a un ámbito hispanohablante —en su caso Puerto Rico— después de varios años en Estados Unidos: «he vuelto a respirar español en las calles de San Juan, en los pueblos de la isla», observa, desahogándose. ¿Quiere decir que durante sus años en Baltimore aguantó la respiración, taponeándose la boca y la nariz para que el aire norteamericano no lesionara sus castizos pulmones? ¿O que el autor de *Seguro azar* logró fabricar un aparato de respiración artificial para inhalar oxígeno castellano en un ambiente norteño?

Al decidir llamarle roble al *oak* frente a mi ventana, ¿estoy haciendo lo mismo? ¿El oxígeno que destilan sus hojas viene empapado de inglés o de español? ¿Me atrevo a taparme la nariz y cerrar la boca? ¿No es el exilio ya suficiente cierre y tapadura? No es el exilio azar demasiado inseguro? Termina Salinas afirmando que la lengua es luz, lo cual me hace pensar *on* —en— un hermoso verso de *La voz a ti debida*: «Quiero más tu oscuridad.»

La luz lo malo que tiene, roble querido, es que no viene de ti.

XXI

Mi oscuridad: la sombra que unas palabras arrojan sobre otras; la sombra larga de mi español relajado, la sombra fresca de mi lúcido inglés. Aquí, en la sombra, puedo decir: ésta es mi casa.

Lección de exilio: el único regreso posible es hacia adentro, no hacia atrás.

XXII

Escribo a solas, sabiendo que lo que escribo no lo podrán leer ni mi esposa ni mis hijos, y no obstante me siento acompañado, mucho más que cuando escribo en inglés. Se dice que recordar es volver a vivir; recordar también es volver a escribir.

Encerrado en mi renovado despacho —encerrado no, refugiado— me dedico a la búsqueda de una vida en español. Leo poemas de Dulce María Loynaz —«Soy lo que no queda ni vuelve»— y hago mía su espera, su nostalgia, su mirada al vacío. Y mi compromiso con este paisaje de pinos se torna accesorio, excéntrico. Esa otra vida es Dulce, es dulce. Me acompaña, me consuela, me entristece; pero no es lastre sino ala, liberación. El rencor del cual hablaba hace un momento se vence palabra por palabra, sílaba por sílaba. La voz trae la paz. Escribir en español es un acto de reconciliación —con mi patria, con mis padres, conmigo mismo.

Salir del despacho tras un par de horas de aspirar español, de aspirar al español, es mudar de piel y de mundo. Oigo sus rumores: platos, televisor, lavadora, retazos de conversación. Es mi familia. Son mis hijos y mi esposa. Prefiero este mundo más mío, sin más familia que ese yo alterno que es hijo y hermano y madre y esposa. Regreso a mi refugio, al ocio Dulce: «Me pierdo en lo oscuro, me pierdo en lo claro.»

Hoy cumplo años. Por mi cumpleaños me voy a regalar una noche. Una noche tropical, con flamboyán, una mata de mangos filipinos, arbustos de marpacífico, un banquito de piedra y una fuente.

La oscuridad no siempre es noche, pero hoy sí.

XXIII

Desterrar es una palabra para la que
no sabemos encontrar antónimo.

José Solanes

Hay varias maneras de querer volver: en el espacio (en aparien-
cia la más factible), y en el tiempo (a todas luces la más
fantástica). Pero también hay un volver suspendido entre
tiempo y espacio, que es volver en el lenguaje. Cuando se vuelve a un
idioma tras un período de desuso, y sobre todo si se trata de la lengua
materna, lo que más seduce y regocija es el sonido de las palabras,
aunque se trate, como en mi caso, de palabras que se pronuncian a
solas, en el aislamiento de cuatro paredes. A veces quien habla solo no
espera otra cosa que oírse, rodearse de sonidos y cadencias ausentes de
la cotidianidad de su vida. No es locura, es busca de compañía.

Siempre me pregunto qué pensarían mis hijos de mí —y yo de
ellos— si nos conociéramos en mi lengua materna. ¿Nos querríamos
distinto en castellano? Pero ellos y yo nos conocemos exclusivamente
en inglés, y esa exclusividad lo que excluye es un temperamento,
cierto acorde de entusiasmos y reticencias, una manera de ver el
mundo y de tratar a la gente, todo un conjunto de costumbres, miedos,

manías, satisfacciones que al ser expresados en traducción, hurtan parte de su significado. Cuando les digo, a ella o a él, *I love you*, queda sin expresar la mitad de lo mucho que los quiero. Cuando me dicen, ella o él, *I love you too*, no sé si se lo creo.

Y es que para mis hijos no soy su padre sino *su padre* —así, en cursivas, como si yo fuera una palabra extranjera en el discurso de sus vidas. Antes de conocerme, tienen que interpretarme. En lugar de expresarme, tengo que explicarme. Es cierto que expresarse en traducción tiene sus ventajas, en particular la distancia; pero lo que se gana en distancia se pierde en familiaridad. Grave cosa: perder familiaridad con la propia familia.

De tanto vivir en traducción, el español se me ha hecho exótico. Al regresar a él, me demoro en cada palabra como si la pronunciara por primera vez: *añoranza, fracaso, infidencia, macerar, pericia*. Las que más disfruto son aquéllas que carecen de cognados, o cuya traducción entrampa (fracaso/*fracas*), porque son ésas las que mejor recogen lo que Juan Marinello llamó alguna vez «las esencias intransferibles del idioma.» Rehuyo, en lo posible, los ecos del inglés. Busco recuperar esa etapa en que todavía no había aprendido el idioma en que ahora vivo, cuando el español no estaba teñido de exotismo y el inglés me parecía, en frase de Guillén, lengua extraña. Pero me cuesta trabajo remontarme a esos años sin inglés, porque la verdad es que desde muy joven, desde mucho antes del exilio, el inglés ya me era familiar. Aun así, y aunque no logre rescatar memorias concretas de esa vida sin vilo, sé que no siempre sentí el complejo de la repartición.

Hago estas notas redactando en voz alta, algo que nunca he hecho al escribir en inglés, quizás porque aún pronuncio ese idioma con acento. El placer de la fonación, de casar sonido con sentido sin remanentes, lo experimento sólo en español. En inglés la palabra es letra; en español, voz. Lo cual quiere decir que todavía no soy completamente bilingüe, porque en el sujeto bilingüe los dos idiomas establecen una relación especular, equilibrada —condición que los lingüistas denominan «equilingüismo» o «bilingüismo balanceado» (*balanced bilingualism*). Pero me pregunto si en verdad existe tal equilibrio, o si lo que sucede más bien es que uno de los idiomas siempre se adueña de ciertas zonas de la expresión, aunque la jerarquía no sea perceptible ni para el propio hablante. Me inclino a creer que todo bilingüismo supone un estado de desequilibrio, una compleja e inestable dinámica de carencias y compensaciones. Si damos por sentado que el traductor traiciona, el sujeto bilingüe, traductor tenaz y empedernido, vive de la traición. Y el concepto mismo de equilingüismo podría ser una de las tantas justificaciones con que los bilingües como yo engañamos la fractura de nuestra subjetividad.

XXIV

Reglas de residencia

Abrir los ojos tres veces al día.

Olvidar que el exilio es a la vez entierro y destierro.

Vivir donde no nos importe caernos muertos.

Morir de todo menos de amor.

XXV

Entre la oscuridad y la noche se interpone el recuerdo, reminiscencia cordial. La oscuridad es yerma, pero en la noche pululan sílabas, acordes, caras, nombres, risas en la brisa y suspiros en la arboleda. Si la oscuridad borra, la noche colma. Si la oscuridad aterra, la noche acompaña. La noche es techo; la oscuridad, intemperie.

El vilo es un hilo que ensarta la oscuridad con la noche. No aconsejo beber vilo.

XXVI

Viernes, vírgula, virgen...
Mariano Brull

¿Cubano-americano o cubano/americano? En inglés la costumbre es unir gentilicios mediante un guión, un *hyphen*. Pero al tender un puente entre gentilicios, la rayita del *hyphen* denota conjunción, continuidad; no así la vírgula, que separa, desgaja. En inglés a la vírgula se le llama *slash*, que también significa corte o cuchillada. Si el guión es nupcial, el *slash* es cismático.

No obstante, «vírgula», que significa «vara pequeña», tiene el mismo étimo que «verga», el nombre de otro tipo de estaca. Con rayita o sin ella, con guión o sin guía, seguimos varados en la playa nupcial. Viernes, vírgula, virgen...

XXVII

Ortega y Gasset: Yo soy yo y mi circunstancia.
Ortega-Gasset: Yo soy yo y mi rayita.
Ortega/Gasset: Yo soy yo y mi verguita.

(Añade el filosófo: Pero la jodedera no quita la jodedura.)

XXVIII

¿Qué pasa USA?
Que no hay consuelo sin suelo.
¿Qué pasa USA?
Que no hay contacto sin tacto.
¿Qué pasa USA?
Que no hay remedio sin medio.
¿Qué pasa USA?
Que no hay vida sin ida.
¿Qué pasa USA?
Que no hay ida con vuelta.
¿Qué pasa USA?
Que cada día estamos más jodidos y menos contentos.
¿Qué pasa USA?

XXIX

José María Heredia, en «Carta del Niágara»: «¿Cuándo acabará la novela de mi vida, para que empiece su realidad?» Un personaje de Leonardo Padura, en *Máscaras*: «Y sentí cómo toda mi vida había sido una equivocación. Eso te suena, ¿verdad? Ese saber que algo torció el rumbo que uno debió coger, que algo te empujó por el camino que no era el tuyo. Esa sensación horrible de descubrir que no sabes cómo has llegado hasta donde estás, pero que estás en una parte que no es la que tú querías.» Heredia y Padura dan voz a sensaciones compartidas por muchos exiliados. Por una parte, la irrealidad del exilio; por otra, la convicción de error que nos sobrecoge al tener que afrontar la indubitable realidad de nuestras vidas.

Una vez titulé un libro *Equivocaciones* porque lo que me había llevado a escribirlo no había sido una vocación literaria sino una equivocación vital. Ese equívoco tiñe todo lo que escribo: soy escritor para dejar constancia de que debí haber sido otra cosa. No creo que lo mismo suceda con otros escritores de mucho mayor calibre que yo. Según Wifredo Fernández, el poeta ha de ser un convencido. No lo dudo, porque escribir desde la incertidumbre es un crimen de lesa literatura, y el escritor sin ganas paga por su crimen con la precariedad de sus libros. El escritor sin ganas no deja obra sino maniobras, un conjunto de gestos de protección y tácticas de acoso. El escritor sin ganas apuesta por la inconsistencia y pierde ganando.

Por eso nuestro rencor se ensaña también contra nosotros mismos, contra este yo que no quisiéramos ser pero somos, contra este tipo, vacilante y voraz, que ahora mismo, desde su despacho frente al bosque, laboriosamente pone palabra tras palabra y frase tras frase tratando de desandar el camino equivocado y en el intento se adentra más en él.

XXX

Tesauro vil

para Isabel

Abatidos, acoquinados, deprimidos, tristes, descontentos, insatisfechos, solos, nostálgicos, apenados, heridos, apabullados, entristecidos, infelices, dolidos, desalentados, lastimosos, extraviados, solos, preocupados, turbados, ansiosos, tensos, extenuados, atenuados, aislados, solos, recomidos, carcomidos, resentidos, fatales, letales, gastados, ajados, aletargados, letárgicos, latosos, abrumados, brumosos, nocturnos, ensimismados. Y solos.

Alegres, claros, contentos, felices, divertidos, entretenidos, juntos, enérgicos, joviales, risueños, satisfechos, radiantes, vivaces, orgullosos, ufanos, animados, eufóricos, juntos, optimistas, tranquilos, confiados, impulsivos, jubilosos, iluminados, brillantes, juntos, esperanzados, prósperos, triunfantes, venturosos, atrevidos, animados, ilusionados, expectantes, exaltados, vehementes, ardorosos, entusiastas, impetuosos, apasionados. Y juntos.

XXXI

La palabra expatriación está escrita en el Diccionario de nuestra lengua; pero su verdadero sentido no se encuentra sino en el corazón de un proscrito, amante de su patria.

José Antonio Saco

Descreo de la expatriación. Acepto el exilio, el extrañamiento, la expulsión, la proscripción, el destierro; mas no la expatriación, porque la patria no es una realidad legal o geográfica sino una presencia cordial. Se puede ser exiliado y no apátrida; se puede ser apátrida sin nunca haber salido de la tierra natal. Como apunta Saco, la definición de la patria está escrita en el corazón. A eso también aluden los tantas veces citados versos de Martí: «Dos patrias tengo yo: Cuba y la noche. ¿O son una las dos?» Si la patria es noche, carece de fronteras y ofrece refugio a todos —hasta a aquéllos que el país expulsa.

A nuestra patria no es cuestión de visitarla, recordarla, conquistarla o imaginarla; es cuestión de escribirla. La inscripción desmiente la proscripción.

Cuba es: una grafía sin geografía, un recurso de mi discurso, una rumba sin rumbo.

Cuba es: hogar sin lugar, paisaje sin país, cielo sin suelo.
Cuba es: canto sin llanto, hondo sin fondo, noche sin oscuridad.

XXXII

En los escritores cubanos de expresión castellana que se han criado o que han vivido largo tiempo en un medio anglohablante se nota una tendencia a la concisión, al epigrama, a la frase apretada, que delata la impronta del inglés. En inglés formular un epigrama es *to turn a phrase*, darle un virón a la frase; la violencia de esos virones se hace más perceptible en español, una lengua que no se da a torcer tan fácilmente. Cuando Guillermo Cabrera Infante escribe, «Fuimos a ver a Mary Poppins con falda larga que levita» (*Cine o sardina*), la frase prepositiva, sin incurrir en el anglicismo, evidencia esa sintaxis ceñida que caracteriza la mejor prosa inglesa. El juego de palabras con «levita», intraducible al inglés, supone la presencia de la cópula *es*: la falda larga que [es] levita. La elipsis de la cópula es un síntoma de ese afán de concisión que nos infunde la lengua inglesa. Hay en la prosa de Cabrera Infante, como en la de Calvert Casey, una especie de anglicismo mental, un talante expresivo que le imprime un carácter muy particular, una extrañeza. Mientras más sensible sea el escritor a las sugestiones y sujeciones del lenguaje (¿y quién más que Cabrera Infante?), más vivirá en su prosa el fantasma de otros idiomas.

Hay dos tipos de anglicismos. Uno, que aparece en incorrecciones gramaticales: «Mirar por arriba» por «pasar por alto»; «realizar» por «darse cuenta.» Otro, que se manifiesta no en la forma exterior del idioma sino en su hechura interna, en su ritmo interior; no en la gramática o el vocabulario sino en la manera en que un escritor o hablante se plantea el riesgo o el desafío de la expresión: cuestión de talante y no de talento. Ese tipo de anglicismo es más difícil de sortear. ¿Es posible escribir un español correcto (mejor, «nativo») sin tener para ello que borrar —lo cual sería imposible— toda huella de una larga estadía en mundo ajeno y lengua extraña? ¿O estamos condenados a incidir en lo que Claudio Guillén ha llamado el «bilingüismo latente» de tantos exiliados?

Me topo en un libro con la frase *brief bliss*, cuya medida silábica se duplica al ser vertida al español: «gozo breve.» (No en balde decimos que traducir es «doblar.») En la frase inglesa los dos monosílabos, vinculados por la aliteración, no sólo expresan en su concisión la brevedad del placer, sino que parecen demostrar la inevitabilidad del engarce entre los dos conceptos. ¿Cómo traducir esa mímesis de forma y contenido al español? Para un lector acostumbrado a la poesía en lengua inglesa, los poemas castellanos sobre la fugacidad —sonetos de Garcilaso o Góngora— parecen desmentir el tópico con la largura de la expresión, de modo que la métrica se convierte en un reto al tiempo: cantidad contra caducidad. Comparar un conocido verso de Robert Herrick —*Gather ye rose-buds while ye may*— con uno y medio de Garcilaso, que otra vez dobla la suma silábica: «Coged de vuestra alegre primavera / el dulce fruto.» Valiéndose de un retruécano (*may/May*: verbo y sustantivo), el poeta inglés cifra en una sola sílaba la referencia a la estación del año que Garcilaso despliega en una frase: «vuestra alegre primavera.» Si no hay tiempo que perder, recitar los rotundos endecasílabos de Garcilaso es perder el tiempo.

Mas si tiempo es lo que nos sobra, ¿qué ocupación mejor que poblarlo de palabras? Así y todo, se me ocurre que el uso frecuente y habitual de monosílabos moldea nuestra personalidad; nos hace impacientes, o fomenta nuestra impaciencia ingénita. De ahí mi predilección, que me he propuesto superar, por el *brief bliss* de la lengua inglesa ante el dolorido sentir garcilasiano.

XXXIII

Según los diccionarios, «sinsonte» proviene de *zentzontle*, vocablo azteca que quiere decir «pájaro de cuatrocientas voces.» Su nombre científico es todo un epigrama: *mimus polyglothus orpheus*. El sinsonte es emulador, políglota y musical porque «puede imitar el canto de otras aves, y hasta el ladrido de un perro o una tonada si se le enseña.» De ahí que este violín que vuela sea el ave emblemática de los bardos cubanos, como en unos versos del Cucalambé dedicados a Fornaris:

Tú que de Cuba has nacido
entre las flores y plantas
y con dulce anhelo cantas
como el sinsonte en su nido...

Lo curioso es que, en inglés, los cien sones del sinsonte se convierten en rancias trompetillas, pues su nombre americano es *mocking bird*, pájaro burlón. Se me hace que muchos exiliados hemos padecido la humillante metamorfosis de sinsonte a *mocking bird*.

Nos dejaste sin son, sinsonte.

XXXIV

Lo esencial es vivir para la vuelta.
A. de Saint-Exupery

ara cumplir lo que me ha dado por llamar mi campaña de alfabetización, debo alejarme de donde estoy, pero sin moverme. Debo desplazarme, hacia adentro y hacia atrás, en un errar inmóvil. Como Lezama: «Yo no viajo, por eso resucito.» Intuyo que si alguna vez lograra instalarme de cuerpo entero dentro de mi idioma, gozaría de una libertad que nunca he sentido en inglés. Esos monosílabos que tanto me gustan también son jaula (en inglés, *jail*: la concisión confirma, confina). Pero si un día lograra vivir en español, entonces sí que se me soltaría la lengua. Lengua suelta y lengua larga, para tocar con la punta de la lengua la punta de mi isla.

Nunca debo olvidar que pensar o hablar o escribir en español no es cambiar, es *volver*. Las primeras palabras que escuché y balbucí fueron en español. Mis primeras lecciones fueron en español. En español aprendí a leer, a escribir, a sumar y restar. (De pronto, un recuerdo: las hojas de cartón azul con las tablas.) Esas cuentas cuentan. Esas experiencias originarias de idioma me han marcado en maneras que ni siquiera sospecho. Ante eso, el temor de ser un advenedizo, la inseguridad al usar tal o cual modismo, síntomas del «complejo» del cual hablaba hace un rato, pierden su rigor. El español me pertenece. Es mi lengua más mía: piel y no pellejo. (El pellejo es el tenso inglés.) Lo cual quiere decir que en español tengo todos los derechos, hasta el de equivocarme, el de trastocar preposiciones y confundir tiempos y modos. En boca de un hablante nativo, el barbarismo es sólo barbaridad. Al ser posesión íntima, inconfiscable, puedo hacer con el español lo que me entre en ganas.

Como Pedro por su casa Gustavo con sus palabras...

XXXV

En North Carolina
el aire nocturno
es de piel humana.
Xavier Villaurrutia

A medida que me envuelve la noche —enjambre de voces, follaje de recuerdos— más me visitan fragmentos de español. Recuerdo poemas con que mi madre nos entretenía cuando estábamos enfermos, «Con diez cañones por banda...»; añejos romances que la abuela nos susurraba, «Delgadina, Delgadina...»; cancioncillas que coreábamos en el patio, «Alánimo, alánimo...»; oraciones que nos adormecían, «Ángel de la Guarda, dulce compañía...» Parece mentira que todo ese acervo de voces, de cultura, de vida, se halle tan distante; parece mentira que yo haya dejado pasar tantos años sin acudir a él; que nunca se me haya ocurrido tararearles a mis hijos las melodías que me arrullaron de niño.

¿Hay otra definición de lo que es la muerte? No me engaño: la muerte es interrupción y yo, deliberadamente, he hecho de la interrupción una carrera. Buscando evadir el exilio, creé un destierro mayor, separación más tajante. Muerte es lo que niega y siega la continuidad, talando rama tras rama del tronco familiar. La vírgula como hachazo. El *hyphen* como ruptura. Consecuencia: vivo en cursivas y prefiero celebrar mis cumpleaños ensimismado en mi despacho, acompañado de noche. En descargo de su olvido del latín, Ovidio logra un epigrama memorable: «La culpa no es del hombre, sino del lugar» (*Tristia*). Me gusta pero no me convence. Si mi casa no me conoce, ¿tiene la culpa mi casa?

Desánimo, desánimo. La fuente se rompió.

XXXVI

Escribir, mal o bien, es quitarse una presión, una prisión; por eso la escritura se llama expresión, y por eso hay tantos escritores ex-presos. Pero escribir sobre Cuba es otra cosa: no expresión sino impresión, no descanso sino recargo. Cuando tenía treinta y cinco años me propuse aguantar un mes entero sin nombrar a Cuba. Quería ver si así lograba olvidarme un poco de mi condición de exiliado. Sin nombre no hay país, y sin país no hay exilio.

Abstenerme de pronunciar el dulce nombre no fue difícil; lo difícil era no pensarlo. Para no pensar en Cuba, era menester no pensar en nada. Decidí estar un mes sin pensar en nada. Tampoco fue difícil. Pero entonces el problema no era dejar de pensar, sino vivir en vilo. Para poder vivir en vilo, decidí pasarme mi mes sin Cuba sembrando matas en el jardín, de manera de plantarme con cada planta, así aliviando el vacilón del vilo. El dependiente chileno de la ferretería me vendió todos los útiles necesarios: guantes, azadón, pala, gafas para el sol y un cubo (¡cuidado con esa palabra!). Súbitamente hijo del limo, me entregué con ahínco a la tarea de enterrar a Cuba en la durísima arcilla roja de las Carolinas. Al cabo (cuidado, mucho cuidado) de tres semanas, cuando empezaron a retoñar las caléndulas y los crisantemos, di por terminado el exorcismo. Desde entonces, no pasa día en que no digo, desterrándome y desenterrándome: ¡ay! mi Cuba.

XXXVII

El inglés nombra; el español inventa perífrasis. *Trailer*: casa de remolque. *Continental drift*: el desplazamiento gradual de los continentes. *Clockwise*: en el sentido de las manecillas de reloj. Para vivir en movimiento, el inglés; para una vida pausada, el español. José Angel Buesa se describe en un poema como «lento y triste.» Así me parecen las cadencias del español, lentas y tristes. Ya me lo dije: si quiero «aclimatarme» al español, tengo que superar mi gusto por los monosílabos: *grunt, want, crunch* (quejido, querer, crujido); *doom, gloom, swoon* (ruina, lobreguez, desmayo); *quick, kick, trick* (rápido, patada, truco). La abundancia de monosílabos del idioma inglés concuerda con mi inseguridad de exiliado, que se transparenta en un habla inquieta, entrecortada. Los monosílabos me permiten expresarme sin hablar, gruñir lo que pienso, dominar el inglés sin habitarlo. Pero en español cada sílaba espera su momento pacientemente (¡cuánta paciencia requiere este solo adverbio!), dejándose saborear, paladear, como si fuera humo en la boca.

Por su relativa falta de concisión, el español es menos citable que el inglés. Si se compara con la inglesa o la francesa, la literatura en lengua española no es pródiga en aforistas. ¿Cuántos autores hispánicos se recuerdan por sus epigramas? Tenemos las máximas de Gracián —entre ellas, «más valen quintaesencias que fárragos»— las greguerías de Gómez de la Serna, las «ideolojías» de Juan Ramón, alguna que otra frase feliz de Unamuno, de Ortega, de Paz. En Cuba, recordamos los aforismos de Luz y Caballero, frases felices e infelices de Martí, los «eslabones» de Varona, algún chispazo de Lezama o Piñera o Cabrera Infante. Pero no sé si existen en español compendios análogos al *Bartlett's Familiar Quotations*, tan popular en Estados Unidos; y si los hay, dudo que hayan tenido igual difusión. Porque no es eso lo que buscamos en la literatura en lengua española; buscamos el acorde, no la nota; la luminosidad, no la chispa. No existe traducción adecuada al castellano de palabras como *flash* o *crash*, o de modismos como *a bolt from the blue* o *a stroke of luck*, que designan instantaneidad de acontecer; mas tampoco existen traducciones precisas al inglés de adjetivos como «duradero» o «paulatino», que evocan el transcurrir del tiempo. Intraducible también, por la misma razón, el refrán, «No hay mal que dure cien años, ni cuerpo que lo resista.» La negación doble, mediante la cual la retahíla de monosílabos (cosa rara) del primer octosílabo se alarga en el segundo hemistiquio, insinúa el lento desgaste del cuerpo (el del mío, por ejemplo).

XXXVIII

Leo en un manual: «A menudo se abusa en castellano del adverbio, esas palabras terminadas en —«mente» que, por ser largas, ocupan espacio y agregan volumen.» Debo tener esto en cuenta (¿en mente?) al usar el español; evitar la insensatez de escribir, por ejemplo, dementemente, o inclementemente.

XXXIX

A los treinta y nueve años fui feliz.
Siempre sucede así cuando la edad termina en «9», el número de la novedad. También fui feliz, me sentí nuevo, a los nueve, a los diecinueve, a los veintinueve y hasta a los cuarenta y nueve. Ahora me toca esperar nueve años más para renovarme otra vez. Igual que el gozo, lo nono es umbral, víspera, vaticinio. Cumplir en nueve es cumplir en anticipación, gozar del contacto y encanto de la inminencia, tirarse por una ventana sin llegar al suelo.

Si tuviera la dicha de llegar a los noventa y nueve, entonces mi felicidad sería redonda, total.

XL

Es un hecho obvio pero capital que lo menos traducible de una palabra es su sonido, su calidad de *voz*. La traducción transcurre en el plano semántico y visual, no en el auditivo. El traductor se vale de la sinonimia, a veces de la homonimia, pero nunca de la homofonía, de la igualdad de sonido. Hasta las palabras cognadas —*tomato*, tomate; *potato*, patata— difieren mucho en su contextura fónica. La configuración auditiva de cada idioma —su repertorio de fonemas posibles, su *voice print*, por así decirlo— compone una melodía, un arreglo o selección de sonidos que es único, irreproducible. Un lenguaje es traducible, si bien imperfectamente; pero una lengua nunca lo es.

La psicolingüística moderna ha comprobado algo que los compositores siempre han sabido, y es que los sonidos tienen la virtud de inspirar en el oyente emociones muy diversas. Hay combinaciones de sonidos que exaltan o asustan; hay otras que calman o entristecen. Toda la gama de emociones humanas tiene su correlato fónico o musical. No hace falta incurrir en un rígido determinismo lingüístico, como el del *Cratilo* de Platón, para reconocer que la melodía de nuestra lengua materna —única, inconfundible— nos educa, nos forma, nos acostumbra a una determinada «escala» de sentimientos y asentimientos. Para cada uno de nosotros —hasta para el gramatólogo Jacques Derrida— el lenguaje fue música antes que palabra. Esos sonidos que nos rodearon aun antes de que pudiéramos concretarlos en lenguaje constituyen nuestra música de fondo, una tonada que llevamos grabada en lo más profundo de nuestro ser. Diría inclusive que nuestra más profunda experiencia de idioma ocurre antes de aprender a hablar, cuando somos todo oídos, *all ears*, pura receptividad auditiva. En el principio no fue el verbo sino la voz.

Es por eso que al regresar a un medio donde se habla nuestra lengua materna, lo que más nos llama la atención es el sonido del idioma, esa tonada audible sólo para el hablante nativo. Al describir su llegada a México después de vivir muchos años en países anglosajones, Luis Cernuda describe así su reencuentro con la lengua española: «Sentí cómo sin interrupción continuaba mi vida en ella por el mundo exterior, ya que por el interior no había dejado de sonar en mí todos aquellos años» (*Variaciones sobre tema mexicano*). Cernuda aquí da fe de una experiencia musical de consonancia, o mejor, de concordancia. No en balde el «acorde» musical y el «acordarse» mnemónico comparten la misma raíz cordial, pues tanto en un caso como en el otro se trata de una relación de armonía, sea ésta sonora o afectiva. Sucede lo mismo cuando, en un país extranjero, inesperadamente oímos el ritmo y acento del habla de nuestra tierra. De pronto sentimos esa sensación de singular bienestar que nos brinda la concordancia con nuestro entorno, el acorde entre la música del mundo y la melodía secreta de nuestras vidas.

¿Cómo podemos hacernos comprender por alguien que no *suena* como nosotros? ¿Cómo podemos entendernos nosotros mismos si no sonamos siempre igual? Para mí estas interrogantes compendian toda la extrañeza y soledad del destierro. Siempre he rehuído de grabaciones de mi voz, en español o en inglés, porque me parece que sueno raro, como si mi voz le perteneciera a otra persona, a alguien que habla por la nariz y detesta el café con leche, y a cuyas manías no quisiera acostumbrarme. Sí, lo peor es permitir que esa voz de otro, que esos sonidos impostados, que ese ruido sin música nos prive de oído, ensordeciendo el murmullo del músico que llevamos dentro. Eso es lo que casi me ha sucedido a mí. Hace años una estación radial de Miami se anunciaba con el lema, «Más música y menos bla-bla-blá.» No se daban cuenta de que el bla-bla-blá también es música. Otro verso de Wifredo Fernández: «Es necesario hablar un poco todos los días.» Es cierto, aunque para hacerlo tengamos que hablar solos. Ser, sonar, soñar, sembrar: donde hay voces no hay olvido.

XLI

Hacia el crepúsculo camino:
hacia el crepúsculo...
Bonifacio Byrne

Quisiera impartirles a estas lecciones algo de la atmósfera, la temperatura, la presión barométrica de las «Coordenadas habaneras» de Lezama o de «El paseo» de Calvert Casey. Hacer palpable el anochecer, comunicarle la aspereza del martini que me consume, regalarle el remordimiento de la aceituna. Si la palabra es creación, ¿basta la constatación de mi deseo para abrigarme de noche? Y de no ser así, ¿quién mejor que yo para delatar el fracaso?

Se aproxima el momento del día que, de niño, oía llamar «sereno.» La Real Academia da como étimo *serenum*, «la tarde, la noche», aunque en su sentido primitivo «sereno» designaba más bien el ambiente nocturno, su humedad. De ahí que no sea aconsejable «coger sereno» y que la serenata sea una música nocturna, tocada al aire libre o «al sereno.» Disfrutar días serenos es, pues, imposible. Sólo por la noche, sólo a causa de ella, podemos alcanzar la serenidad. Sereno no es el que vigila, sino el que se deja empapar.

A esta hora vienen los venados a abrevar en el riachuelo que corre más allá de los árboles, ramita de agua que he bautizado El Cauto. Siempre vienen tres o cuatro juntos, pero hoy ha venido sólo uno. Es pequeño, sin astas, tiene la piel moteada de blanco y se demora a mordisquear los arbustos. ¿Por qué viene solo? Imposible contemplar el venado sin pensar en los cazadores, que por aquí abundan. Como el exiliado, el venado lleva su destino grabado en su nombre. Si por mí fuera, estaría prohibido cazarlos.

Avanza apacible el venado hacia El Cauto, aunque sé que el más mínimo rumor lo espantaría. No se requieren grandes poderes de observación para notar que los venados viven al borde de la alteración. Seamos serenos, compañero venado, que sólo así llegaremos al río.

XLII

E ntrada la primavera se alargan los días, robándome pedazos de noche. Sentado en el butacón, aguardo con paciencia la llegada del crepúsculo; mientras avanza la tarde me alegra notar cómo se apaga la claridad, cómo va cambiando de color la luz, de amarillo a verde a gris. Estos apuntes nacen de noche, de la noche, aunque me pase los días cavilándolos. Ahora son exactamente las siete y veinte de la tarde.

Escribir en español durante el día es demasiada claridad. No sé bien por qué, pero el inglés tapa, tapia. Creo que por eso no me cuesta trabajo, ni me da vergüenza, compartir intimidades en inglés, como lo he hecho en algún libro. Al decirlas en ese idioma, muchas veces un idioma distinto de aquél en que las he gozado o padecido, dejan de pertenecerme, como si la traducción fuese también transubstanciación. El cambio de pronombre —de *yo* a *I*— produce también un cambio de persona, o tal vez una despersonalización. Además, hay una parte de mí, soterrada mas no cancelada, que no entiende esos libros porque todavía no ha aprendido inglés. (Esa parte vive a la sombra de un flamboyán.) En español me parece que todo —no, todo no, sólo yo— queda al descubierto, como si cada frase, ráfaga de luz, iluminara rincones y rendijas que preferiría ocultar. En inglés las arrugas son *wrinkles* —matices, sutilezas— y es fácil esconderse entre ellas; en español una arruga es sólo un pliegue en la piel, melodía de la madurez. Disimular *wrinkles* con arrugas es tapar un dedo con el sol.

Así y todo, me complace pensar que el español sigue siendo el idioma de mi piel. El idioma del rubor, del pudor; de los ojos, del sonrojo. El idioma en el que soy capaz de avergonzarme.

XLIII

Una de las manifestaciones clásicas de exilio es el *relegatio ad insulam*, o sea, la condena a residir en una isla, lejos de lo que en inglés se llama *mainland*, tierra firme. Esa ha sido la mala suerte de algunos de los exiliados más ilustres de la historia: Séneca (Córcega), Napoleón (Elba, Santa Helena), Hugo (Jersey, Guernsey), Unamuno (Fuerteventura). Han existido islas, como la infamemente famosa Isla del Diablo, cuya principal función era servir de cárcel para proscritos, entre ellos el desventurado Dreyfus. Hasta las dulces Filipinas fueron destino de exilio para centenares de españoles deportados a mediados del siglo XIX por el general Narváez.

Contra esta tradición, los cubanos concebimos el exilio, no como aislamiento, sino como *landing*, como arribo al *mainland*. Nuestro *relegatio* nos desplaza en dirección inversa, condenándonos a vivir sin isla. Quizás por eso pocos cubanos exiliados en Estados Unidos se llaman a sí mismos «desterrados»: hay demasiada «tierra» en la masa continental norteamericana para justificar el apelativo. Incluso hay quienes, barajando lenguajes, han llegado a inscribir la vivencia insular en la palabra que preferimos: *ex-ile*, ex-isla. De acuerdo con esta fantasiosa etimología, el desarraigo del isleño sienta las pautas de todo exilio.

Cabe preguntar, no obstante, si las vivencias del exiliado fluctúan según la geografía de los países de origen y destino. Mañach, siguiendo a Ganivet, aventuraba que el temperamento de un pueblo era moldeado por el ámbito físico que habitaba: ¿es igual la ira de un peninsular a la cólera de un isleño? Si no lo son, tal vez un análogo determinismo geográfico opere en el caso del exiliado. Cuando el *relegatio* ocurre en dirección opuesta a la tradicional, desplazándonos de lo marginal a lo macizo, de la fragilidad insular a la firmeza continental, las actitudes vitales varían en consecuencia. Podríamos entonces suponer que un exilio como el nuestro sería más llevadero, acercamiento no menos que lejanía. Ovidio se lamentaba de haber sido relegado al último confín del mundo; muchos cubanos exiliados no vivimos en el *orbis ultimus* ovidiano, sino en algunas de las grandes urbes del planeta —Nueva York, París, Madrid, Ciudad México (¿Miami?).

Y sin embargo, a juzgar por innumerables testimonios, el exilio en ciudad grande también es terrible. Tanto atolondra la congestión como el vacío. Quizás más. En el destierro de Tomos, «el más apartado pueblo», Ovidio se quejaba de la falta de libros, medicinas, alimentos, comodidades. No es ése nuestro lamento, a pesar de las estrecheces económicas que muchos exiliados han tenido que sobrellevar. (Los rigores de la escasez han sido padecidos con mucha más vehemencia por los cubanos de la isla que por nosotros.) El nuestro —el mío— ha sido un exilio pródigo en oportunidades y recursos. Y aun así, nos sentimos pobres, desnudos, incompletos. Teniéndolo todo, nos falta la mitad.

Quizás por eso nuestro modo de adaptación es fabricar islas dentro de los continentes. Sucede en Miami igual que en Madrid, en Carolina del Norte igual que en Nueva York. Creamos islas grandes, como los barrios cubanos de Miami; o islas pequeñas, como mi despacho.

Para nosotros el aislamiento no es una condena sino una salvación. Cuando nos acosan, nos hacemos isla; cuando nos ignoran, nos hacemos isla. En busca de compañía, nos hacemos isla; solícitos de soledad, nos hacemos isla. Para conjurar el tedio, nos hacemos isla; para ser felices, nos hacemos isla.

Isla la palabra, isla el corazón.
Cuba es una porción de tierra rodeada de islas por todas partes.

XLIV

Apunta José Solanes que la paranoia es el trastorno mental más común entre los emigrados. A juzgar por mi propia experiencia y la de muchos otros, aventuraría que también es común la hipocondría, afección que se podría definir como una auto-paranoia, como la persecución de nuestro cuerpo por nuestra alma (o viceversa).

Al sentirse cuerpo extraño (en inglés, *foreign body*), el exiliado desconfía de su capacidad de adaptación. Ese desencuentro entre cuerpo y entorno engendra una incertidumbre que se somatiza en dolencias hipocondríacas: dolores, mareos, zumbidos, ahogos, indigestiones. Todos ellos son síntomas de desconcierto, de falta de armonía, de lo que León Daudet en un tratado sobre la melancolía llamó «pérdida de ambiente.» Ese es el ambiente que la psicología del exiliado, como hemos visto, confunde con sus entrañas. Desde allí, desde esos tejidos y órganos que ya no están, desde esas entrañas desentrañadas, se propaga nuestro mal. Nos dolemos de ausencia. Nos quejamos de separación. Sin ambiente, no somos gente.

Hace muchos años, después de mudarme de Miami tras de pasar allí mi adolescencia, empecé a padecer de mareos. Aunque me sometí a todo tipo de pruebas, los médicos no lograban dar con la causa de mi enfermedad. Cada especialista aventuraba una interpretación distinta: el neurólogo opinaba que podía ser un tumor; el alergista apostaba por las alergias; el otólogo estimaba que tal vez padecía del mal de

Ménière. Descartando los diagnósticos de los especialistas, mi médico *mayamense* opinó que yo no tenía nada, pero que lo que yo no tenía no se podía curar. Me recetó un calmante y recomendó que dejara de hacerme pruebas.

Yo he llegado a creer que esos mareos, que han disminuido en frecuencia con los años pero sin desaparecer del todo, se originan en desajustes ambientales y no somáticos. Padezco de vértigo geográfico, de una molestia causada por el roce con ambientes extraños. Más que desorientación, es despiste. Más que enfermedad, es malestar. No hay que olvidar que el exilio es también un mal-estar, una conmoción vital debida al desplazamiento, lo que en inglés se llama *motion sickness*. El sabio doctor López Gómez tenía razón: la enfermedad que no tengo no tiene cura.

XLV

Vilanos

1

La página, único territorio libre de América, donde el régimen lo pongo yo.

2

Cubanía: usar el gerundio sin incertidumbre.

3

Cubanía: escribir con acento —en inglés.

4

El rencor, como el recuerdo, viene del corazón.

5

He dicho que el exilio nos mutila cuando tal vez lo cierto sea que nos completa.

6

Exilio y socorro, *I* de mí.

7

Idioma: maroma, ese lugar adonde me llevan todos los caminos.

8

Opinaba Turgenev que el escritor que acudía a una lengua que no fuera la suya era un «ladrón y un puerco.» Y sin embargo Turgenev dejó cartas en alemán, en francés, en inglés que se consideran verdaderas joyas literarias.

9

¡Qué alegría encontrar un aforismo de Luz y Caballero escrito en inglés! Porque nos justifica.

10

El pasado siempre fue Cuba. Ya no. Ahora nosotros mismos somos el pasado. Abolido aquel pasado, el que nos permitía recordar y olvidar, vuelve de golpe el presente. ¡Tanto y tan poco presente! ¡Tanto y tan poco pasado!

11

Otra lección de exilio: todos los principios, y todos los finales, empiezan con «a partir de.»

12

Única palma la de mi mano:
geografía fluvial que seca el puño.

13

Hyphen: la raya que no cesa, la yaya que no sana.

14

Hyphen: oxímoros en la costa (de la Florida).

15

Hyphen: hacer de *trips* corazón.

16

Maestro de exilio, el exilio.
Lección de exilio, el exilio.
Alumnos de exilio, tú y yo y todos.

17

Ángel de la Espera,
mala compañía,

no me dejas solo
ni de noche ni de día.

Ángel de la Espera,
dulce compañía,
si me abandonaras
no sé lo que haría.

18

Si me dicen *globalization*, respondo: destierro.
Si me dicen *diáspora*, respondo: exilio.
Si me dicen *Hispanic*, respondo: cubano.
Si me dicen *Latino*, respondo: la tuya.

19

Lo que se hace por placer se hace por gusto.

20

Las jaquecas del exiliado se curan con la aspirina del recuerdo.

21

«Una voz que sueña con su isla.»
Eugenio Florit

22

Vivir para volver, volver para vivir.

23

Cubano con rayita, cubano rayado.
Me repito, me repito, me repito, me repito, me repito.

24

Gárgara de exilio: hacer buches de sol y escupir olvido.

25

Se dice que al efectuar la travesía —o al padecer el naufragio— que nos desgarra de la lengua materna, lo último que se pierde es la costumbre de maldecir.

Me cago en diez. Cincuenta veces.

26

En busca del nombre exacto de la cosa: neocubano, poscubano, excubano, transcubano, semicubano, alticubano, recubano, subcubano, contracubano, omnicubano, pancubano, monocubano y un largo archipiélago de otras incubaciones.

27

Perdiendo se gana

Ex-
(I)
-lío.

28

Ganando se pierde

Des-
(ti)
-erro.

29

En vilo *veritas*.

30

Haikubano

Yo soy un hombre sincero.
¿Y quién no?
La picúa come mártires.

31

Maestro exilio, enséñame a vivir contigo, ya que no puedo vivir sin ti.

32

Gusano, bicho raro.

33

La dispersión es al exilio lo que la concentración es al aislamiento.

34

¿Lecciones de exilio? Más: intelecciones.

35

No sé cuál será más difícil de aprender, si el arte del regreso o el arte del olvido.

36

El deber de ver

Mediodía: melodía.
Claridad: calidad.

37

«Sin la religión o la filosofía, el destierro es el infierno de la vida» (Luz y Caballero.) Con fe y con filosofía, ¿sería el destierro otra cosa? Mejor afirmar sin atenuaciones: el destierro es el infierno de la vida.

38

San Seacabó, patrono del exilio, ruega por nosotros.

39

Memorabilia, memoralabia.
Repatriación, reparación.

40

Reducción al absurdo: hoyo/hoy/yo.

41

Iba a escribir, «lección y lesión de exilio», cuando de pronto el retruécano me repugna (¡a mí!). ¿No será que el que juega con palabras huye de la profundidad por temor al vacío? De todos los libros de Cabrera Infante, el más hondo, el más conmovedor, el más íntimo a pesar de su impersonalidad, es *Vista del amanecer en el trópico*. Es el único donde no hay juegos de palabras. La lección es ésta: soportar las lesiones del exilio sin acudir al analgésico de la humorada. Si te duele, grita. Si te sigue doliendo, sigue gritando. Ya que no hay remedio, el alivio sobra.

42

En vista de lo precedente, me propongo aprender a escribir llanamente, sin *puns*, sin juegos, sin pujos ni tapujos. Se ve que no será fácil.

43

Exilio: mitad sin mí.
Desexilio: medio entero.

44

Tanta distancia, tanto sueño.

45

Vilano: vilo en vano.

XLVI

Hoy quisiera ocupar un espacio sin ruptura entre lo exterior y lo interior. Que mi piel sea tamiz y no envoltura. Sólo en esa continuidad, que Léon Daudet llamó ambiente, se encuentra el bienestar:

Se hace tarde, y atardezco.
Llega la noche, y anochezco.
Crecen las sombras, y estoy sombrío.

En un medio ajeno podemos vivir, gozar, soñar y, tal vez, hasta ser felices. Lo que no podemos es estar bien. El bienestar, la palabra lo dice, depende de la manera en que ocupamos tal o cual lugar. Al transformar mi despacho, he querido construir un salón de estar, en el sentido más finito del infinitivo. No sé si lo he logrado, pero hace muchos años que no me siento tan bien como aquí, ahora, en este momento. ¡Si pudiera transformar también las demás habitaciones de mi casa! ¡Y sucesivamente la cuadra, y el vecindario, y la ciudad, y este país donde vivo y no estoy! Cambiar el lugar sin cambiar de lugar.

Una vez más, Cernuda describe su experiencia de concordancia al regresar a un medio hispanohablante:

Viendo este rincón, respirando este aire, hallas que lo que afuera ves y respiras también está dentro de ti; que allá en el fondo de tu alma, en su círculo oscuro, como luna reflejada en agua profunda, está la imagen misma de lo que en torno tienes.

(Variaciones sobre tema mexicano)

Contra el mundo ajeno, el rincón dichoso; contra la nostalgia que abruma, el recuerdo que acompaña; contra el enigma de la ruptura, la solución de la continuidad.

¿Cómo escribir la noche? Con letras de luz, radiantes de bienestar, que la mayor distancia no podría opacar. Ellas nos sitúan, nos ambientan, nos visten de espacio.

Por la noche, volvemos a ser isla.

XLVII

¿Cuándo se extingue la juventud de un exiliado? ¿A los veinte, a los treinta, a los cuarenta, a los cincuenta? Mientras más aumenta la esperanza de vida, más nos hacemos la ilusión de que se alarga por igual la juventud. No es verdad. Se alarga la vejez, indudablemente, y se alarga sobre todo ese interludio gris entre juventud y vejez que los americanos llaman *middle-age*. Pero la juventud no es elástica, y dura lo mismo hoy que hace dos siglos. Sólo se estira a la fuerza, como las arrugas.

A los cincuenta y tres años, Bonifacio Byrne recoge lo mejor de su poesía en un volumen titulado, a la manera de Dante, *En medio del camino*. Tocando yo la cincuentena, no sé si me hace gracia el ademán de Byrne, quien tuvo una vida longeva, pero aun así quedó bastante corto del centenario. Pero seguramente me equivoco al calcular la mitad de su vida aritméticamente, porque la vida se mide en vivencias, no en cifras.

En el 1914, cuando apareció el libro, Byrne estaba en la víspera de un segundo exilio, no por voluntario menos doloroso, motivado por razones de salud. Tal vez al reunir sus poemas, anticipando ya su partida a Nueva York, sintiera que su vida estaba a punto de escindirse otra vez. Una mitad, la de vida vivida, quedaría atrás en Cuba; la otra mitad, la de vida por vivir, le aguardaba en Norteamérica. Nueva

York, nuevo yo: para el autor de «Mi bandera», como para tantos otros emigrados, abandonar su país era morir a una vida y renacer a otra.

En uno de sus poemas más conocidos, «La alcoba», escrito durante su estadía en Nueva York, Byrne describe un fantasma que ronda su habitación:

El *otro* aquí ha llorado; aquí, reído:
y a través del cristal de ese balcón,
vio llegar la hermosura que esperaba,
como se espera, tras la lluvia, el sol.

El otro sus recuerdos ha esparcido
en el radio que abarca esta mansión;
tomos que en el aire flotan,
y aquí los hallo por doquier que voy...

No dudo que el «otro» sea el mismo, sea él mismo, Byrne, quien al verse lejos de Cuba se desdobla en esa personificación *non-grata*. Fue precisamente en el destierro donde Unamuno escribió su tragedia de la alteridad, *El otro*, cuyo protagonista también vive acosado por su doble. Lección: el exilio nos altera, nos convierte en *alter*, otro. Igual que los retruécanos bilingües de Cabrera Infante, el poema de Byrne refleja las vidas sucesivas del exiliado, duplicación que complica el cálculo de su edad.

¿Cuándo se extingue la juventud de un exiliado? Cuando se convence de que no tiene regreso, subsanando así la división de su conciencia. El exiliado empieza a ser viejo el día que deja de ser «otro.»

(Sin cuenta)

Todo libro es una confesión,
o no es absolutamente nada.

Varona

Sin llegar a ser libro, estas lecciones mías, viláneas o avilanadas, este diario externo de un viaje interior, compuesto durante unas semanas antes y después de cumplir los cincuenta mal llamados años, quisiera confesar algo que no sé si nombrar error o errancia. Creo firmemente, como he dicho, que el exilio nos convierte en otra gente. Esa disyunción o dislexia (ya que de lecciones se trata) se manifiesta de muchas maneras, pero en mi caso la experiencia de la ruptura ha sido ante todo lingüística. Siento el exilio como *language loss*, como pérdida de lenguaje, o mejor dicho, de lengua. Pese a que he escrito varios libros —no me atrevo a decir que soy escritor— me considero un hombre de silencios. Cada una de las tantas oraciones que he redactado en inglés tapa un silencio, recubre una ausencia, la de la frase en español que no he querido o podido escribir. (Que no he querido escribir, por resentimiento; que no he podido escribir, por inseguridad.) Pero llega un momento cuando la edad nos alcanza, y entonces nos damos cuenta de que ya no hay tiempo para seguir callando.

A veces quisiera nunca haber tenido la opción de escoger entre idiomas. A veces quisiera nunca haber cedido ante la tentación del inglés. El ejemplo de escritores políglotas no me alienta, me deprime. Beckett no es Beckett ni en inglés ni en francés —pero ése es el tema de Beckett, la nulidad del ser. El escritor que, como Beckett, practica más de un idioma tiende a convertirse en una curiosidad, un bicho raro, un «caso.» Aunque comparta ese destino, no me resigno a vivir en el *hyphen*, en el «entre», en ese vaivén que he tratado de reivindicar en algunos libros. No niego que la vida en vilo pueda satisfacer a otros; sólo afirmo que no me satisface a mí. Carezco de vocación de alambrista; el vaivén no me asienta, me marea. Y eso es lo que busco más que nada: asentarme, como lo estoy ahora en este butacón, en un sólo idioma, en un sólo país, en un ambiente con gente.

La vida en vilo nos obliga a vivir en el aire, del aire. Pero no somos criaturas de aire. Haber nacido en una isla ya es suficiente levedad. Envejecer es aterrizar. Pero, ¿dónde?

XLVIII

Mi noche no es medianoche:
es tempranera, inicial: mañana de noche.
No es la noche de los insomnes o los suicidas.
No es la noche del silencio o la ansiedad.
No es la noche del fantasma o del grito.

La mía es noche de certezas, no de dudas:
el sí de la noche.

La mía es noche de claridades, no de sombras:
la luz de la noche.

Mi noche no tiene paredes.
Mi noche vive en la garganta.
Cierro los ojos para ver la noche.

XLIX

*Magic City se asusta, no puede regresar
a sus orígenes, ni a su silencio.*
Esteban Luis Cárdenas

No hay exilio interminable, pues sólo dura lo que dura una vida. Por lo tanto, alguien por ahí tendrá el récord del exilio de más larga duración, marca que será batida algún día por uno de esos viejitos que deambulan, pena en el alma, por las aceras de Miami. Aunque a lo mejor (y a lo peor) morir en el exilio es seguir viviendo en el exilio, y en tal caso la marca es imbatible. El exilio nos acaba sin acabarse él.

Me informa un demógrafo amigo que en las últimas cuatro décadas más de un cuarto de millón de cubanos han muerto lejos de Cuba: un sinfín de exilios sin fin. ¿A qué fin?

Más seguro sería el cálculo del exilio de menos duración. Sin duda uno de los aspirantes a esta distinción ha sido mi tío Miguel, quien juraba que había salido de Cuba como exiliado pero que había llegado a los Estados Unidos como inmigrante. Su exilio duró no más que el vuelo entre La Habana y Miami. O hasta menos, porque tal vez Mike, un tío vivo, se inició en el exilio al levantar el pie para subir la escalera de abordaje, y al plantarlo en el primer peldaño ya lo había superado. De ser así, el suyo fue un exilio de un paso: tránsito y no trance.

Mucho más dolorosa es la suerte de aquellos cubanos —la gran mayoría, parece— que nunca se resignaron o se decidieron a ser nada más que exiliados: todos esos «refugiados» que llevaron su destierro a cuestas hasta el último suspiro. Entre ellos ha habido de todo: vividores y muertos de hambre, mártires y mataperros, hombres sin nombre y renombradas damas de sociedad. Me duelen todos, porque el exiliado que sobrevive hereda de sus muertos, quiéralo o no, el peso y pesar de tantas vidas incumplidas. Hace años me parecía que nadie se moría en Miami; ahora no conozco otra ciudad con más muertos, con más muerte, que Miami. Lo que primero fue expectativa después se hizo espera, y a la larga la espera se ha convertido en duelo. En contra de lo que dicen algunos, Miami no es una ciudad alegre, porque en Miami se vive con la evidencia de un exilio en agonía, con el convencimiento, por inconfesado no menos palpable, de que ninguna peripecia histórica ya nos puede salvar. De ser refugiados sin país hemos pasado a ser exiliados sin refugio.

L

Sube a la nube el juvenil vilano.
En tierra, o bajo tierra, se es gusano.
Juan José Domenchina

S e ha hecho tarde. La noche ahora es trasnoche. Miro por la ventana y no veo un solo roble, un solo pino, una sola estrella. Me imagino que el venado habrá regresado a su bosque. Ya cumplí, me digo, soplando las velitas mentales del cake imaginario, haciendo mi oscuridad.

Me levanto del butacón, que ha vuelto a ser *reading chair*, salgo de mi despacho, que ha recobrado su aspecto de *study*, y voy en busca de compañía. La casa está toda iluminada. Huele a sofrito y *brownies*. En el comedor, mis hijos, pacientes como el venado, han estado esperando que termine de escribir. Al verme llegar, cantan en coro: «—*¡Apio verde to you, Papi!*»

ALGUNOS LIBROS PUBLICADOS EN LA COLECCIÓN CANIQUÍ POR EDICIONES UNIVERSAL: